Todos los libros de Linkgua Ediciones cuentan con modelos de Inteligencia Artificial entrenados por hispanistas. Pregúntale al chat de tu libro lo que desees acerca de la obra o su autor/a.

Para **ebooks:** Accede a nuestro modelo de IA a través de este enlace.

Para **libros impresos:** Escanea el código QR de la portada con tu dispositivo móvil.

Obtén análisis detallados de nuestros libros, resúmenes, respuestas a tus preguntas y accede a nuestras ediciones críticas generativas para una experiencia de lectura más enriquecedora.
La transparencia y el respeto hacia la autoría de las fuentes utilizadas son distintivos básicos de nuestro proyecto. Por ello, las respuestas ofrecen, mediante un sistema de citas, las fuentes con las que han sido elaboradas.

Pedro Ponce

Breve relación de los dioses y ritos de la gentilidad

Barcelona 2024
Linkgua-ediciones.com

Créditos

Título original: Breve relación de los dioses y ritos de la gentilidad.

© 2024, Red ediciones S.L.

e-mail: info@linkgua.com

Diseño de cubierta: Michel Mallard.

ISBN rústica ilustrada: 978-84-9007-693-4.
ISBN rústica: 978-84-96290-20-4.
ISBN ebook: 978-84-9897-839-1.

Sumario

Brevísima presentación

La vida

Pedro Ponce (c. 1500), México.

Estudió en el Colegio de Santa Cruz en México. Se graduó como licenciado en teología y, entre 1571 y 1626, tuvo a su cargo la diócesis de Zumpahuacán.

Una crónica de la época relata que: «En 1565 fue construido el templo parroquial para la congregación de los Agustinos ... por orden de Pedro Ponce de León, probablemente hijo de Lucas Ponce de León, hijo del rey Cuatlatlapatzin de Tlaxcala».

Las costumbres de los gentiles

Esta «breve relación» sorprende por su imparcialidad y precisión. A diferencia de otras crónicas, las costumbres indias son descritas en su contexto sin comparaciones despectivas, ni una perspectiva «cristiana».

«Habiendo edificado la casa y puesto en las cuatro esquinas algún idolillo o piedras de buen color y un poquillo de pisiete [tabaco], el señor de la casa llama a los maestros o viejos y visita la casa, mandan aparejar una gallina para otro día y que hagan tamales... y aderezada [la gallina] la toman con tamales y la vuelven a ofrecer al fuego, partida en dos partes, la una dejan en el fuego...»

Beneficiado que fue del partido de Tzumpahuacan

1. En todo tiempo a procurado Satanás usurpar la reverencia y adoración que a nuestro señor Dios verdadero se le debe, procurándola para sí, atribuyéndose las cosas criadas y pidiendo que por ellas el hombre le haga reconocimiento y así en los tiempos pasados como en los presentes a tenido y tiene quien le haga sacrificios en honor de los beneficios que el hombre recibe de Dios nuestro señor los cuales atribuye a sí, y entre los naturales desta Nueva España creedores y que le invocan en sus obras pidiéndole favor en las cosas que obran no están olvidados de los nombres de sus dioses que todavía viejos mozos y niños los tienen en memoria.

2. Los nombres de los dioses de los indios los pondré aquí para decir de algunos que oí son célebres entrellos y los invocan según les han atribuido las obras a cada uno.

3. Ometochtli omeçihuatl de los cuales decían vivían sobre los doce cielos. Tezcatlipoca y por otros nombres Titlacahuan telpochtli yaotl, Yohualli-eecatl ypalnemoani, dador de las grandes riquezas y señoríos.

4. Huitzilopochtli taras, dios de los mehuacan, Quetzalcoatl, Yecateuctli, dios de los mercaderes y por otros nombres Yacacoliuhqui, y Amimitl otro dios Piltzinteuctli y al Sol Tonatiuh y por otros nombres Quauhtlehuanitl y Xipilli.

5. Al fuego también canonizaron por dios y le llamaron Xiuhteuctli y por otros nombres puestos en nuestros tiempos: Huehuetzin y Xoxeptzin, Ximeontzin, también le lla-

man Tocenta, padre de todos porque entre los indios todos hacen delante el fuego y después de muertos en sus entierros los acompaña encendido en candelas.

6. También tuvieron por dioses algunas mujeres y oí las celebran. Chicomecoatl diosa de los panes, y a la de las aguas Chalchihuitlicue o Chalchiuhcueye. Cihuacoatl por Eva. Tlaçolcoatl por Venus.

7. También a las nubes reverencian y les llaman ahuaque y al dios que las rige Tlaloque y a los montes donde se engendran las nubes dicen Tlaloque tlamacazque.

8. Entre todos estos dioses ponen a Xpo nuestro señor y redentor que le recibieron por último dios y en ciertas pinturas de cómo se han de hacer los sacrificios a sus dioses está la cruz clavos y azote atado a la columna y crucificado y los sacerdotes diciendo misa y a este tiempo sus dogmatizadores dellos hacen sus sacrificios según su costumbre antigua.

9. Tienen y hacen tres géneros de ídolos unos chiquitos de piedra para dentro de sus trojes. Otros hacen de copal o de masa de tzoal y estos envían a las cumbres de los cerros adonde están los altares que llaman momoztli. Desta masa de tzoal se hacía el cuerpo de huitzilopuchtli que se guardaba por tiempo de un año y pasado se repartía en bocadicos Vxcucoeyotia.

Celebración de las fiestas

10. Los más de los sacrificios de los indios son después de medianoche o al alba, y así en las fiestas de sus advocaciones de santos antes que amanezca han ya almorzado y es este el modo que a las gallinas les cortan las cabezas delante del fuego que es el dios Xiuhteuctli, que en lengua dicen Tlaquechcotonaliztli, este sacrificio se hace en casa el mayoral.

11. Aderezadas estas aves según su modo y hechos tamales teniendo aparejado pulque poquietes y rosas con cacao lo parten en dos partes la una ofrecen al fuego y derraman del pulque por delante del fuego. La otra mitad llevan a ofrecer a la iglesia poniéndola en jícaras delante el altar, y en una jícara de pie echan un poco de pulque y lo ponen en medio del altar y habiendo estado un rato lo quitan y dan de almorzar a los teopatlacas y lo mismo se hace de la parte ofrecida al fuego que es para los mayorales.

Las parteras

12. Las parteras que acuden a los partos usan de las ceremonias de su gentilidad son las siguientes:
13. Al tiempo que nacen los niños mandan las aguarden hasta un día antes que los niños reciban el sacro bautismo para sacarles el fuego que en la lengua dicen itleuh quiçaz in piltzintli.

14. Un día antes que la criatura se bautice viene la partera a casa de la parida adonde el día del parto deja mandado le tengan pulque tamales y un ave aderezada y que conviden a los vecinos y tengan fuego encendido todo lo cual tienen a punto la partera toma el ave pulque y tamales y lo ofrece al fuego.

15. Luego toma una jícara de agua y la saca al patio y puesta en el medio vuelve al aposento donde está el fuego y toma dél en un tiesto va adonde está la partida y tomando la criatura entre los brazos la saca con el fuego, adonde dejó la jícara de agua y puesto el fuego muy cerca del agua baña la criatura y con el agua que va salpicando va matando el fuego, y pregunta a este punto cómo se ha de llamar la criatura a los circunstantes y ellos responden un nombre de los de su gentilidad o de sus padres como: Ecatl, o Coatl, y si es hembra Xico, o Xoco, y otros semejantes los cuales nombres se averigua son de ciertos espíritus como ángeles que llaman tlaloques y tlamacazques y acabada el ablución vuelve la partera la criatura a su madre y toma de nuevo fuego en el tiesto y vuelta a la parida le pone un paño a la redonda de la cabeza y con el fuego le da por el rededor de la cabeza y acabado vuelve al fuego adonde está el pulque ofrecido y echa dél en una jícara

y derrama dél por delante del fuego y de lo ofrecido y pulque
reparte a los convidados.

16. En el valle de Toluca luego envían a los niños a un cerro
si es varón lleva a ofrecer una coa y si es hembra un huso y
algodón.

Los médicos

17. Médicos de los indios son muy supersticiosos y se llevan tras sí los corazones de los inocentes. Llamado el médico para el enfermo le pregunta su mal y en qué lugar y parte le dio la enfermedad, y dicho por el enfermo lo que le ha sucedido responde el médico qualani in santo, o, qualani in Huehuetzin atribuyendo a que el santo de su pueblo está enojado, o que el fuego lo está, y dice que para remedio de la enfermedad le busquen una gallina para sacrificar pulque rosas y poquietes y que para el día siguiente vendrá. Algunos mandan que las gallinas las degüellen delante del fuego y tengan hecha la comida otros lo hacen por sí mismos. Todo lo cual preparado viene el médico y toma la sangre del sacrificio y unge las tres piedras que son como trevedes y ellos los llaman tenamastles, y luego toma los tamales y ave aderezada rosas y poquietes y pártela en dos partes, la una ofrece al fuego y la otra envía a que se ofrezca delante la imagen o a la iglesia donde encienda una candela de cera hace su razonamiento y petición al fuego y luego derrama un poco de pulque por delante. A esto dicen motençiahuaz in Huehuetzin y acabado esto el médico y los circunstantes se comen el ave y beben el pulque y el pobre enfermo aguarda que el fuego le ha de dar salud.

18. A otros enfermos se dicen que enfermaron cerca de algún arroyo manantial o río les hacen que lleven todo lo dicho a algún manantial y que lo ofrezcan a la diosa de las aguas que llaman Matlalcueyeq, o Chalchihuitlicue y que lleven su candela de cera y la enciendan.

19. A otros les dicen qualani in tonacayolt que se entiende por la diosa Chicomecoatl diosa de los panes. A ésta hacen

grandes sacrificios cuando ellos o algunos de sus hijos están enfermos y el modo que tienen es que el médico toma una gallina y se va adonde ellos tienen secando el maíz en sus setillos, o delante de las trojes y allí degüella la gallina y la manda aderezar, y hacer tamales y que tengan pulque y hecho esto ofrece la mitad al fuego y la otra mitad envía a que se ofrezca delante de los setillos o trojes donde está el maíz y quema allí un poco de copal que es su incienzo.

20. A los niños hacen varias curas unos médicos que llaman Tetonalmacani que son los que vuelven la ventura a los niños que la han perdido y les dicen ciertas palabras poniéndoles en la mollera una raíz que llaman tlacopatli.

21. Otros hecho el sacrificio de la gallina al fuego y derramando el pulque palpan al niño con pisiete que es el tabaco e invocan a Quetzalcoatl haciéndole su oración.

22. También atribuyen las enfermedades de los niños a los vientos y nubes, y dicen cualani in èecame, cualani in ahuaque y soplan los vientos haciéndoles su conjuro.

23. Los que son cirujanos que curan quebraduras invocan y piden favor a los quatlapanques que se entiende por los cerros que están entre quebradas para que ayuden su cura.

24. Jamás ha de apagarse el fuego en casa de los indios ni ha de faltar leña y si acaso falta y sucede al casero alguna desgracia llegado a su casa pide perdón al fuego atribuyendo a que por no haberle tenido encendido o por haber faltado la leña le sucedió la desgracia, y así en el Valle y otras partes ponen los indios unos maderos desde el techo afirmándolos

en la pared y debajo ponen el fuego y encima destos maderos
ponen por orden la leña que el que la ve piensa la tienen allí
para secarla. Otros ponen la leña a la redonda o cerca del
fuego.

Los labradores

25. Al tiempo y cuando han de barbechar sus tierras primero hacen su oración a la tierra diciéndole que es su madre y que la quieren abrir y ponerle el arado, o coa a las espaldas a este punto piden favor a Quetzalcoatl para que les dé esfuerzo para poder labrar la tierra.

26. Hechos los barbechos y llegado el tiempo en que se han de sembrar, van a los barbechos y allí primero invocan a ciertos espíritus que llaman tlaloques y tlamacazques, suplicándoles tengan cuidado de la sementera guardándola de los animalejos como tejones ardillas y ratas para que no les hagan daño luego la siembran.

27. A los siete u ocho días que ya el maíz a salido llevan a la sementera una candela de cera y copal en honor de aquestos espíritus y encienden y queman el copal en medio de la sementera, y vuelven a pedirles les libren sus sementeras de los dos animalejos.

28. Estando ya el maíz para el primer desyerbo vuelven a llevar una candela de cera y una gallina para sacrificar al borde de la sementera, poniendo la candela encendida en el medio de la sementera. Luego aderezan el ave sacrificada, con tamales la llevan adonde está la candela en el medio y allá la ofrecen a la diosa Chicomecoatl, diosa de los panes que dicen habita en la Sierra de Tlaxcala y le hacen su oración y petición, y habiendo estado allí un rato la ofrenda la quitan y la comen con lo demás, y luego queman copal.

29. Antes de empezar el desyerbo invocan a Quetzalcoatl pidiéndole su favor y esfuerzo con ciertas palabras que usan a este tiempo, hecho el desyerbo.

30. Los que son curiosos entre los naturales no permiten se quite al maíz hoja ninguna hasta que los xilotes apunten a salir y habiendo ya salido toman de las hojas del maíz y primeros xilotes con las primeras flores y primer miahuatl y las primeras cosas que la tierra da en aquel tiempo y las llevan a ofrecer delante de las trojes con un ave, tamales, copal y una candela de cera y pulque para derramar la parte que baste delante de las trojes.

31. A los primeros elotes que las sementeras dan hacen otro ofertorio a lo que ellos dicen tlaxquiztli que teniendo aparejadas las cosas necesarias para este sacrificio que son de papel que dicen texamatl y unas como camisillas de manta que llaman xicoli copal pulque una candela de cera y una gallina para sacrificar.

32. Toman los primeros elotes y vanse a los cerrillos adonde tienen sus cuezillos que llaman teteli que son como altares es mandato que a estos cerrillos no vayan los niños porque no descubran lo que se hace, y llegados allá hacen fuego al pie del cuezillo o en medio en honra del dios Xiuhteuctli y el más sabio toma en un tiesto deste fuego y échale copal e incienza todo el lugar del sacrificio, y luego enciende la candela de cera y la pone en medio del cuezillo y hecho esto toma la ofrenda que es el copal pulque y las camisillas y jícaras y los ofrece ante el cuezillo y fuego.

33. Acabado esto ponen los elotes a asar y toman del pulque
ofrecido derraman del delante del cuezillo y fuego y rocían
los elotes con el pulque, algunos se sangran de las orejas y
rumian los elotes y lugar con la sangre.

34. Luego toma la gallina que se llevó para el sacrificio y la
degüellan ante el fuego y cuezillo mandan aderezar esta ave
y con tamales la ofrecen ante el fuego y cuezillo y las camisillas las visten algunas piedras que allí ponen lo cual acabado
comen los elotes y lo demás ofrecido bebiéndose el pulque, y
desta manera pagan las primicias de los nuevos frutos.

35. Ya que el maíz está para coger en la sementera donde hay
caña que lleva dos o tres mazorcas que llaman xolotl luego
el dueño da aviso al que es maestro de las ceremonias que
suele ser un viejo y le dice como ha habido buen temporal en
su sementera. Viene el maestro y vista la caña con las dos o
tres mazorcas manda se hagan de tamales para otro día tamales blancos y tequixquitamales, y venido va a la sementera
y arranca aquella caña de dos mazorcas y él y el dueño de la
sementera toman los tamales hechos y la caña y se van fuera del poblado a algún lugar donde se dividan dos caminos
uno para una parte y otro para otra y allí el maestro ofrece
los dos géneros de tamales y la caña con las dos mazorcas
puestas las puntas de las mazorcas hacia la Sierra de Tlaxcala al oriente que es donde habita la diosa Chicomecoatl,
diosa de los panes, haciendo un razonamiento y enviando
embajada con las mazorcas, diciendo: yn tixoltol ximohuica-
tiuh maxicmonahuatiliti in iztacçihuatl ca in mochihua mo-
tequipanoa in quimonequiltia y estos tamales ofrecidos no
los puede tomar si no fuere algún pobre que pase y cuando
no pasa los vuelven y dan a alguno de los pobres del pueblo.

Esto dicen que es el alforja del xolotl que va con la embajada por mensajero.

36. Al tiempo del coger la sementera hacen invocación a la diosa Chicomecoatl y dicen: chicomemecoatle caonihualla yn titequetzal yn titeçencozqui ca onic vatquic in noteocuitlachiquiuh in noteocuitlamacpal.

37. Cogido el maíz ya que lo han de echar en la tierra lo saludan y dicen: tlaxihualauh tlaltechtli nican mopan nocontema in Chicomecoatl amo çe tocon elehuiz.

Huitztli o huitzmanaliztli (nuevo vino)

38. El modo que los indios tienen para castrar los nuevos
magüeyes y pagar la primicia al fuego es en esta manera,
que llegado el tiempo de castrarlos y sacar la miel llaman a
un viejo o maestro que para aquesto está señalado. El cual
manda que sacada la miel la echen en sus tinajas o cántaros
para hacer el pulque, y primero vierte una poquilla de la miel
donde están los nuevos magüeyes en la tierra, y habiendo de-
jado mandado se haga el pulque viene otro día a la casa del
señor de la viña adonde ya están convidados algunos vecinos
y tienenle aparejado el corazón del magüey que en la lengua
le llaman ciotl echa del nuevo pulque en una jícara o vaso y
con un cántaro dello lo ofrece al fuego. Está un rato ofrecido
luego toma del pulque y derrama un poco por delante del
fuego a esto dicen en la lengua motençiahuaz in Huehuetzin
y toma la punta del corazón del magüey y métela dentro de
la jícara dándole con el dedo para que salpique el fuego, y
luego háblale quedito y sale afuera y habla diciendo las palabras del margen —nican catqui in antlamacazque achitzin
neuctzintli iconmohuellamachtizque— dase un azotazo con
el corazón del magüey y luego bebe su jicarilla vuelve otra
vez y echa del pulque ofrecido y dalo al primer convidado
dándole un azotazo y bebe y así va habiendo hasta que se
acaba a rueda. En esta prueba del nuevo pulque no se han de
embriagar, de la manera dicha se hace y prueba el nuevo vino
que dicen huitzti, o huitzmanaliztli.

Para estrenar las nuevas casas que ellos dicen nicalchalia

39. Habiendo edificado la casa y puesto en las cuatro esquinas algún idolillo o piedras de buen color y un poquillo de pisiete el señor de la casa llama a los maestros, o viejos y vista la casa mandan aparejar una gallina para otro día y que hagan tamales, y llegado el día siguiente vienen y puestos en medio de la casa sacan con unos palos fuego nuevo y encendido bien toman la gallina y córtanle la cabeza delante del fuego derramando la sangre y della toman y ungen los cuatro ángulos o cuatro paredes y luego sus morillos del jacal o cubierta y los umbrales y lados de la puerta de la casa hecho lo dicho mandan pelar el ave fuera de la casa y la aderezan a su moda y aderezada la toman con tamales y la vuelven a ofrecer al fuego partida en dos partes la una dejan ante el fuego, y la otra envían a ofrecer delante de la imagen de la iglesia, y cuando no donde la hay con una candela encendida y estando un rato ofrecida la comen los convidados, y a esto llaman calchalia que quiere decir estrenar la casa.

Los caleros

40. En las más partes desta Nueva España está entre los naturales introducido que la cal no la puedan quemar todos, sino algunos viejos señalados los cuales cuando algunos han de quemar cal los llaman y venidos toman un poco de pisiete y ponenlo sobre las cuatro o cinco piedras sobre que se arma el horno que dicen tenamaztli y por dentro del horno en el suelo y por de fuera hacen unas rayas como aspas y una oración a Xiuhteuctli que es el fuego para que con su llama ayude. Armado el horno tienen su pulque aparejado y una gallina, y en quemando el horno derraman del pulque por lo alto en el bordo del horno y en boca baja sacrifican una gallina cortándole la cabeza. Suelen bailar delante la boca por do respira el fuego para todo lo cual cada cosa en particular dicen sus palabras que se pondrán en el margen.

Los que cortan madera que llaman quauhtlatoque

41. Es muy usado que cada pueblo tiene señaladas personas para que cuando han de cortar vigas de madera van al cerro o monte y antes de entrar en él hacen una oración a Quetzalcoatl pidiéndole licencia y diciéndole que no les atribuya a desacato el querer sacar madera de su monte que les dé facultad para sacarle de su costado aquella madera que le prometen de ponerla en parte donde sea venerada por los hombres, y cortada la viga o vigas y atada para tirarla le ponen en la punta un poco de pisiete y en el medio y en la punta trasera y luego le da con un madero unos golpes en el medio invocan a Quetzalcoatl para que les ayude, y para que no les suceda mal en el camino que nadie se lastime, y esto mismo hacen cuando acarrean piedras grandes y las sahúman con copal en honor de Quetzalcoatl.

Los caminantes

42. Dicen ciertas palabras que llaman acxotlatolli al tiempo que ven venir alguna persona por si acaso es salteador o matador que ellos llaman cimarrón, invocan a Quetzalcoatl por ser dios valeroso y luego llaman invocan a los lobos y leones y tigres las onzas y los remolinos que hacen los vientos para que los ayuden y socorran contra las tales personas.

Los que ahuyentan nubes y granizo

43. Hay otros que llaman teçiuhpeuhque que en las más partes del valle los hay que ahuyentan las nubes y las conjuran y los que pueblos los tienen señalados y los libran del coatequitl, hacen con las manos muchas señales y soplan los vientos.

Otros que dicen vuelven la ventura o salud que los llaman tetonalmacani

44. Cuando algún niño por espanto o por haber caído enfermo hay entre los indios algunos que tienen oficio de restaurarles la salud míranle la mano al niño y álzanle los pelos de la mollera hacia arriba y luego invocan al Sol y le dicen señor nuestro yo os ruego y suplico hayais piedad deste niño y le deis y restituiréis la salud o ventura perdida pues está en vuestra mano, y dicha esta invocación hácele al niño una raya con un poquito de pisiete desde la punta de la nariz subiendo hacia arriba a la comisura de la cabeza y a estos llaman Tetonalmacani.

Los que llaman atlautlachixque

45. Toman una jícara de agua y puesta delante del fuego echan dentro siete maíces y se ponen como en oración por algún espacio lo cual acabado, dicen lo que se quiere saber dellos. Otros hacen esto en otra manera miden una paja con tres puños y medio. Otros miden con una paja dende la sangría hasta el dedo de en medio y hecho esto dicen lo que les parece y aunque sea mentira los creen.

Para saber de las cosas perdidas y otras cosas que se quieren saber

46. Beben el ololiuhque, y el peyote, una semilla que llaman tlitliltzin son tan fuertes que los priva de sentido y dicen se les aparece uno como negrito que les dice todo lo que quieren. Otros dicen se les aparece nuestro señor. otros los ángeles y cuando hacen esto se meten en un aposento y se encierran y ponen una guarda para que les oiga lo que dicen y no les han de hablar hasta que se les ha quitado el desvarío porque se hacen como locos y luego preguntan qué han dicho y aquello es lo cierto.

Este tratadillo hizo don Pedro Ponce beneficiado que fue del partido de Tzumpahuacan

Libros a la carta

A la carta es un servicio especializado para
empresas,
librerías,
bibliotecas,
editoriales
y centros de enseñanza;
y permite confeccionar libros que, por su formato y concepción, sirven a los propósitos más específicos de estas instituciones.

Las empresas nos encargan ediciones personalizadas para marketing editorial o para regalos institucionales. Y los interesados solicitan, a título personal, ediciones antiguas, o no disponibles en el mercado; y las acompañan con notas y comentarios críticos.

Las ediciones tienen como apoyo un libro de estilo con todo tipo de referencias sobre los criterios de tratamiento tipográfico aplicados a nuestros libros que puede ser consultado en Linkgua-ediciones.com.

Linkgua edita por encargo diferentes versiones de una misma obra con distintos tratamientos ortotipográficos (actualizaciones de carácter divulgativo de un clásico, o versiones estrictamente fieles a la edición original de referencia).

Este servicio de ediciones a la carta le permitirá, si usted se dedica a la enseñanza, tener una forma de hacer pública su interpretación de un texto y, sobre una versión digitalizada «base», usted podrá introducir interpretaciones del texto fuente. Es un tópico que los profesores denuncien en clase los desmanes de una edición, o vayan comentando errores de interpretación de un texto y esta es una solución útil a esa necesidad del mundo académico.

Asimismo publicamos de manera sistemática, en un mismo catálogo, tesis doctorales y actas de congresos académicos, que son distribuidas a través de nuestra Web.

El servicio de «libros a la carta» funciona de dos formas.

1. Tenemos un fondo de libros digitalizados que usted puede personalizar en tiradas de al menos cinco ejemplares. Estas personalizaciones pueden ser de todo tipo: añadir notas de clase para uso de un grupo de estudiantes, introducir logos corporativos para uso con fines de marketing empresarial, etc. etc.

2. Buscamos libros descatalogados de otras editoriales y los reeditamos en tiradas cortas a petición de un cliente.